Handreichungen für den Sportunterricht

leichtathletik in der schule

Band 1: Laufen und Sprinten

Klasse 3 bis 6

Herausgeber:	Deutscher Leichtathletik-Verband in Zusammenarbeit mit der Stiftung „Sport in der Schule" Baden-Württemberg und dem Ministerium für Kultus, Jugend und Sport Baden-Württemberg
Projektleitung:	Karl Weinmann
Autoren:	Rolf Bader Dietmar Chounard Fred Eberle Roland Kromer Günter Mayer
Layout:	Claus Martin Caren Sonn
Zeichnungen:	Fred Eberle
Fotos:	Richard Schrade hajo sport foto
Schrift:	Helvetica eckhard (in kleinschreibung)
Red. Mitarbeit:	Frank Schäfer
Druck:	e. kurz + co. Stuttgart
©	Stiftung „Sport in der Schule" Baden-Württemberg Ministerium für Kultus, Jugend und Sport Stuttgart 2005
ISBN-Nr.:	3-9801514-4-1

inhalt

In eigener Sache 6
Dr. Clemens Prokop
Präsident des Deutschen Leichtathletik-Verbandes

Vorwort 7
Helmut Rau MdL, Minister für Kultus, Jugend und Sport
Georg Wacker MdL, Staatssekretär

Konzeption: *leichtathletik in der schule* 8

Vom „Schnell-Laufen" zum Sprint 11

Vom „Über-Laufen" zum Hürdenlauf 25

Vom „Staffel-Laufen" zur Rundenstaffel 35

Vom „Ausdauernd-Laufen" zum Dauerlaufen 43

Literatur / Anschriften 53

In eigener Sache

Zur 3. Auflage der Handreichung „Leichtathletik in der Schule"
Klasse 3 bis 6 - Band 1 und 2

Die beiden Bände der Handreichung „Leichtathletik in der Schule" haben seit ihrem Erscheinen mehr bewirkt als sich Herausgeber und Autoren erhofft hatten. In einer Situation, in der die Grundsportart Leichtathletik im Schulsport gegenüber anderen Sportarten immer mehr in den Hintergrund tritt, kamen die beiden Bände gerade noch rechtzeitig um den Weg zu einer Wende und zum Umdenken aufzuzeigen. Mit Band 1 „Laufen und Sprinten" und Band 2 „Springen und Werfen" stehen Anleitungen für Lehrer und Übungsleiter zur Verfügung, die den Ansprüchen des kindgemäßen Sports entsprechen. Die gelungene Zusammenarbeit von Schulsport und organisierter Leichtathletik bei der Erstellung dieser Handreichungen sollte Vorbild sein für weitere Kooperation.

Die Erfahrungen, die Lehrer und Übungsleiter mit der Umsetzung der Handreichungen in die tägliche Praxis gemacht haben, sind äußerst positiv. Es hat sich gezeigt, dass hier Material zur Verfügung steht, das von Kindern begeistert aufgenommen wird. Ein abwechslungsreiches und differenzierendes Übungsangebot, das ideenreich, reizvoll und auffordernd angeboten wird, weckt bei Kindern Interesse am Sportunterricht und motiviert die Lehrer, die Leichtathletik wieder mehr in den Mittelpunkt ihres Unterrichts zu stellen.

Nicht nur der Schulsport sondern auch die Leichtathletik im Verein hat durch die beiden Bände wertvolle Impulse erhalten. Ihre Inhalte sind inzwischen fester Bestandteil der modernen Kinder-Leichtathletik und überzeugen die Betreuer und Übungsleiter.

Der Deutsche Leichtathletik-Verband ist dem Ministerium für Kultus, Jugend und Sport des Landes Baden-Württemberg, der Stiftung Sport in der Schule und dem Autorenteam der Baden-Württembergischen Leichtathletik-Verbände dankbar für die Überarbeitung der beiden Bände und die Herausgabe dieser zweiten - weiter verbesserten - Auflage. Nachdem die erste Auflage vergriffen war, wurde sie von vielen Interessenten bereits mit Ungeduld erwartet.

Dr. Clemens Prokop
Präsident des Deutschen Leichtathletik-Verbandes

Vorwort

Zur 3. Auflage

Wenn man Kinder und Jugendliche nach Anreizfaktoren in der Leichtathletik befragt, so lassen sich unterschiedliche Orientierungen erkennen. Viele sind bewegungs-, empfindungs-, gemeinschafts- und naturorientiert, andere wiederum eher leistungs- und wettkampforientiert.

Beide Orientierungen haben ihre Berechtigung im Schulsport. Für den Sportunterricht sind die Äußerungen der Schüler als Hinweis zu werten, daß eine einseitig auf Leistung orientierte Leichtathletik einen großen Teil möglicher Motivlagen verfehlt. Sowohl erlebnis- und erfahrungs- als auch leistungsorientierte Sportinteressen müssen Berücksichtigung finden, wenn alle Kinder und Jugendlichen in der Schule erreicht werden sollen.

Für den Schulsport ist eine Leichtathletik, die losgelöst von ihren natürlichen Ursprungsbedingungen ausschließlich auf normierten Rundbahnen, Sportplätzen und Hallen stattfindet, eine Leichtathletik, die in ihrer Ausschließlichkeit fragwürdig ist.

Den Bewegungsmöglichkeiten beim Laufen, Springen und Werfen experimentierend nachzuspüren, nach neuen Formen zu suchen, bis zum (Er-) Finden von Formen leichtathletischer Disziplinen, die den Möglichkeiten der Schüler angemessener sind, sollte im Sportunterricht verstärkt Rechnung getragen werden. Im Prinzip eine Individualsportart, bietet die Leichtathletik auch die Chance, Unabhängigkeit, Eigenverantwortung und Selbstbestimmung mit Kooperation und Solidarität zu kombinieren. Die Leichtathletik in der Schule darf nicht nur eine „Erwachsenenleichtathletik der Disziplinen" sein.

Um Bewegungserlebnisse in der Leichtathletik zu vermitteln, bedarf es angemessener Unterrichtarrangements, die den Schüler vor Frustrationserlebnissen und Enttäuschung bewahren. Leichtathletik in der Schule muss demzufolge ein institutionsspezifisches Angebot des Laufens, Springens und Werfens sein und kein reduziertes Programm der olympischen Wettbewerbe. Dies ist auch deshalb zu bedenken, weil nur bei wenigen Schülern die koordinativen und konditionellen Voraussetzungen ausreichen, um die „Idealformen" in der Technik zu erlernen.

Ziel der Leichtathletik in der Schule ist es nicht, möglichst viele Schülerinnen und Schüler zu Leichtathleten zu machen; vielmehr geht es darum, dass die Kinder und Jugendlichen durch das spielerische Kennenlernen der leichtathletischen Grundformen und die Freude an der Vielzahl verschiedener Bewegungsformen den Reiz der Leichtathletik erfahren.

Der vorliegende erste Band thematisiert schwerpunktmäßig die Grundformen des Laufens/Sprintens. Ein weiterer Band zum Springen und Werfen folgt. In Anbetracht der grundlegenden Bedeutung dieser Bewegungsformen für die physische wie auch psychische Entwicklung der Heranwachsenden kann die Leichtathletik deshalb in mehrfacher Hinsicht als Basissportart und notwendige Grundlage für viele andere Sportarten und Disziplinen angesehen werden. Die Handreichung soll vermitteln, dass gerade Spaß und Freude im Umgang mit leichtathletischen Bewegungsformen eine wichtige Motivation für das spätere Sporttreiben in der Leichtathletik darstellen.

Wir wünschen den Lehrerinnen und Lehrern viele interessante Erfahrungen und positive Erlebnisse mit ihren Schülerinnen und Schülern bei der unterrichtlichen Umsetzung der Broschüre.

Helmut Rau MdL
Minister für Kultus, Jugend und Sport
des Landes Baden-Württemberg

Georg Wacker MdL
Staatssekretär im
Ministerium für Kultus, Jugend und Sport
des Landes Baden-Württemberg

leichtathletik in der schule

Zur Konzeption

Der Schulsport ist für viele Kinder die erste Begegnung mit Inhalten aus der Leichtathletik. Um in einer schulischen Grundausbildung den fähigkeitsorientierten Zugang zum Sport zu schaffen, besteht mehr denn je die Notwendigkeit, die elementaren Bewegungsformen Laufen, Springen und Werfen in den Mittelpunkt zu rücken.

Diese Handreichung setzt seine Akzente dort, wo es darum geht, im Sportbereich Leichtathletik das Laufen, Sprinten, Springen, Werfen und Stoßen so zu kultivieren und zu differenzieren, daß aus leichtathletischen Bewegungsformen Handlungsfähigkeiten entwickelt werden.

Der vorliegende erste Band verdeutlicht die methodische Absicht, über eine fähigkeitsorientierte Grundausbildung leichtathletische Fertigkeiten zu schulen.

Gerade ein reizvoller Zugang zur Leichtathletik, der sich über die kindliche Erlebniswelt aufbaut, eine Bewegungsvielfalt ermöglicht, sich behutsam entwickelt und dadurch einprägt, wird zur langfristigen Motivation.

Ausgangspunkt und Grundlage der inhaltlichen Zusammenstellung in der vorliegenden Broschüre LAUFEN / SPRINTEN sind Bedingtheiten, die für die Kinderleichtathletik von elementarer Bedeutung sind. Dabei wird von der Maßgabe ausgegangen, daß das beste motorische Lernalter genutzt wird. Gerade dieses koordinative Entwicklungsalter und die kindliche Erlebnis- und Handlungswelt müssen als Bedingungsfelder der Leichtathletik umgesetzt werden.

- ▶ Kinder brauchen eine sehr breite sportliche Orientierung, eine frühe disziplinäre Spezialisierung entspricht nicht einer offenen kindlichen Entwicklungsförderung.

- ▶ Den Kindern Freude an der Leichtathletik vermitteln können nur Spiel-, Übungs- und Trainingsformen, die auf deren Fähigkeiten und Interessen abgestimmt sind.

- ▶ Die Beachtung der kindlichen Bewegungswelt fordert abwechslungsreiche, vielseitige, reizvoll-variable leichtathletische Angebote in einer besonderen Förderung über eine fähigkeitsorientierte Ausbildung.

- ▶ Lernen und Wetteifern, Leistungen erproben und ermöglichen sind ureigene Merkmale der Leichtathletik und prägende Faktoren einer ganzheitlichen Persönlichkeitsstruktur.

- ▶ Um die Entwicklung und Befähigung des Kindes einerseits in motivational-sozialer, andererseits in koordinativ-konditioneller Hinsicht zu fördern, bedarf es pädagogisch und methodisch aufgearbeiteter Inhalte.

Aus diesen Überlegungen resultiert das Konzept dieser Handreichung Leichtathletik in der Schule. Im Unterricht bewährte grundlegende leichtathletische Bewegungsformen führen an sportartspezifische Fähigkeiten und Fertigkeiten heran und bilden diese aus.

Die einzelnen Inhalte sind auf einer Seite hinsichtlich ihrer Zielsetzung methodisch-didaktisch aufgearbeitet, in ihrer Reihenfolge aufeinander abgestimmt und stellen den jeweiligen thematischen Schwerpunkt der Unterrichtsstunde dar.

Angaben zur Belastungsmethodik und zur Bewegungsausführung sind für das jeweilige Stundenziel von besonderer Bedeutung und in der Symbolspalte unter „Hinweise" zu finden.

Gestaltung und Layout gehen dabei neue Wege. Die einheitliche übersichtliche Struktur und die bildhafte Darstellung verhelfen zu einer effektiven Vorbereitung und Durchführung der Sportstunde.

Jeder Inhalt steht in einem Bildungsplanbezug. Die einzelnen Lehrplanverweise für die Schularten und Klassenstufen können hier eingetragen und thematisch festgehalten werden.

Wir erhoffen uns mit dieser Handreichung neue Impulse für die Leichtathletik in der Schule.

Das Autorenteam

eigene ergänzungen

Vom „Schnell-Laufen" zum Sprint

„Tierfangen"

8 - 10 minuten

Inhalt

Die Schüler werden in 4 Tiergruppen und 2 Fänger eingeteilt. Auf entsprechende optische oder akkustische Signale bewegen sich die einzelnen Tiergruppen von der Grundlinie jeweils in ihrer „Gangart" auf die Fangzone zu.

Elefanten und Nashörner – stampfend, schwerfällig, laut / Zebras und Geparde – federnd, leichtfüßig, leise. Durch die Fangzone rennen die Kinder geradlinig so schnell sie können, um den Fängern zu „entfliehen". Nach der Fangzone kehren die Schüler zu ihrer ursprünglichen Gangart zurück (siehe Skizze).

Wer abgeschlagen ist, wird zum „Fänger". Bisherige Fänger ordnen sich der entsprechenden Tiergruppe zu.

Schnell-Laufen aus unterschiedlichen Gangarten
Schulung vielfältiger koordinativer Fähigkeiten

Hinweise

Strecke: Mittelzone 10 bis 12 m
Wiederholungen: 3 bis 4 pro „Gangart"
Pause: Gangartwechsel

Mittel

markierungs-
kegel
tiersymbole
parteibänder

Variation

Unterschiedliches Gelände, unterschiedliche Untergründe, barfuß, mit Schuhen...

Weiterführung

„Zonensprint"
Aus dem federnden Antraben mit maximalem Sprint durch die mittlere Zone (ohne Fänger) zum federnden Austraben.

12

schnell-laufen 2

„A - B - Jagd"

10 - 12 minuten

Die Kinder traben paarweise hintereinander verteilt in einem begrenzten Feld.
(Abstand ca. 2m)

Inhalt

Auf ein Signal „jagt B den flüchtenden A".

Beendet wird der Versuch durch ein zweites Signal.

A und B haben jeweils 3 Versuche.

**Ziel** ➤ **Antreten und beschleunigen aus der Bewegung**

Mittel
schwämme
tücher u.ä.

Dauer:	3 bis 4 sec
Wiederholungen:	2 (mit jeweils 3 Versuchen für A und B)
Pause:	1 min mit Bewegungsaufgabe zur Rumpf-Stabilisierung und Konzentration, z.B. „Schaufensterpuppe" oder „Gordischer Knoten"

Variation

A startet den Versuch durch plötzliches Antreten – und beendet ihn nach ca. 10 m Sprintstrecke durch Hochwerfen des Parteibandes (Schwamm / Tuch...).

13

schnell-laufen 3

„Knobelsprint"

12 - 18 minuten

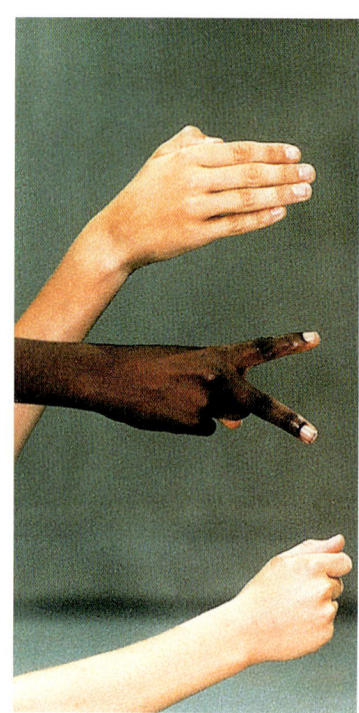

Inhalt Kinderpaare stehen sich an der Mittellinie in einem Abstand von 2 m gegenüber.

Die Kinder knobeln nach dem System „Schere-Stein-Papier". Der Verlierer dreht sich um und flüchtet auf geradem Weg in seine Richtung, der Partner versucht, ihn vor einer Ziellinie einzuholen und abzuschlagen.

Ziel | **Reagieren / Antreten und Beschleunigen aus dem Stand**

Hinweise

Strecke:	8 bis 15 m bis zu 20 m im Freien mit genügend Auslauf
Wiederholungen:	10 bis 12
Pause:	1 bis 1:30 min ruhig zurückgehen

Mittel
markierungs-kegel

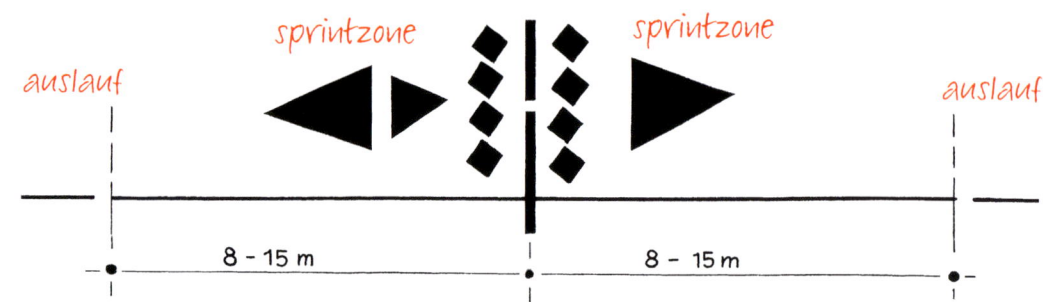

Variationen als Partnersprint, in 3er- und 4er-Gruppen, in Teams

„Balljagd"

12 - 18 minuten

Inhalt Die Kinder stehen an einer Linie mit doppeltem Armabstand nebeneinander. Jeder Schüler „kegelt" seinen Ball geradlinig nach vorne, und zwar so kräftig, daß er bei maximalem Antritt den Ball gerade noch in der Endzone ersprinten und überholen kann.

 **Ziel** → **Schnellaufen / Antreten aus der Schrittstellung / Hochstart**

Hinweise

Strecke:	10 bis 15 m-Zone mit genügend Auslauf
Wiederholungen:	10 bis 12
Pause:	1 bis 1:30 min ruhig zurückgehen

► **Gewichtsverlagerung auf das vordere Bein auf den Ballen**

Variation 1 verschiedene Bälle in Größe und Gewicht

Variation 2 Balljagd in Paaren

Mittel
verschiedene
bälle

Der hintere Schüler kegelt den Ball am vorderen vorbei, dieser startet, wenn der Ball die Linie vor ihm überrollt.

. . . .

15

"Reifenbahnen-Steigerung"

6 –10 minuten

Inhalt Die Schüler laufen durch die ausgelegten Reifenbahnen (siehe Skizze).

Ziel **Steigerungslauf mit Tempomaximierung am Ende der Reifenbahn / Schulung der Schrittlänge**

Hinweise

Strecke:	8 bis 12 Reifen
Wiederholungen:	5 bis 8
Pause:	ca. 1 min langsames Zurückgehen

► Ballenlauf
► Arme helfen mit
► Nase vorn

2-3 Reifenbahnen zur Differenzierung.
Die Reifenabstände sind so zu wählen, daß
ein sprintmäßiger Ballenlauf möglich wird.

Bsp.: Klasse 3/4 beginnt mit ca. 40 cm Reifenabstand
Klasse 5/6 beginnt mit ca. 50 cm Reifenabstand

Mittel

20 – 30 gymnastikreifen oder teppichfliesen (nichtrutschend)

Die Abstände steigern sich um Fußbreite bis zum 7. Reifen;
die Abstände sind abhängig von der Reifengröße.

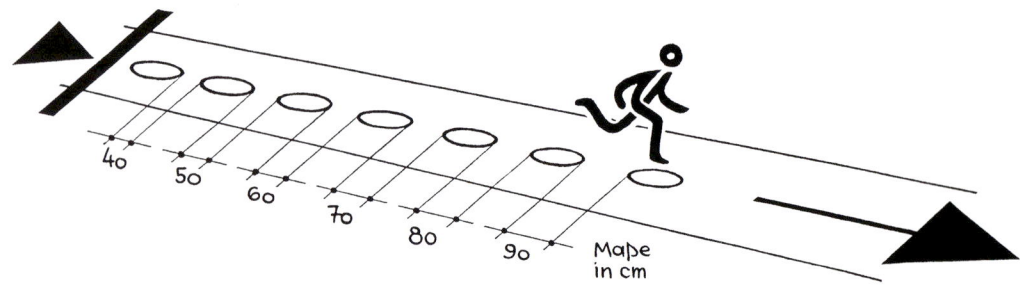

Variation Verwendung von nichtrutschenden Teppichfliesen

schnell-laufen 6

„Vom Knieheber zum Kniehebelaufen"

bis 20 minuten

Inhalt Die Schüler laufen durch die „Reifen-, Karton-, Schaumstoffquaderbahnen" mit einen Kontakt pro Reifen / Karton / Zwischenraum.

Ziel Sprinten mit Betonung des Kniehubs

Hinweise

Strecke: 12 bis 14 Reifen, Kartons usw.
Wiederholungen: 4 bis 5 pro Bahn
Pause: ca. 1 min
                    langsames Zurückgehen

- **Ballenlauf**
- **Arme helfen mit**
- **Nase vorn**
- **angezogene Fußspitze**
- **Kniehub**
- **hohe Hüfte**

Mittel

12 - 14
softbälle
reifen
tennisringe
kartons
pappdreiecke
schaumstoff-
quader

(1) Karton treten
    -„rein/raus"
(2) Schaumstoffquader
    - „schnell runter"
(3) Reifen mit Softball
    -„über den Ball in den Reifen"
(4) Pappdreiecke
    -„drüber und auf dem Ballen weiter"

Weiterführung Die Schüler sprinten mit hohem Knie durch den „Sprintparcours" **mit zunehmenden Abständen.**

Weiterführung Im Sprintparcours wird die **Höhe der Sprinthindernisse reduziert** bei gleichzeitiger weiterer **Vergrößerung der Abstände.**

„Vom Frequenzlaufen zum freien Sprinten"

10 - 12 minuten

Inhalt Die Schüler laufen mit hoher Frequenz durch die Sprintbahnen bis zur Zielmarkierung (siehe Skizze).

 **Frequenzbetontes Sprinten**

Hinweise

Strecke:	ca. 20 m
Wiederholungen:	7 bis 9
Pause:	ca. 1:30 min langsames Zurückgehen

▶ Ballenlauf
▶ Arme helfen mit
▶ Nase vorn
▶ angezogene Fußspitze
▶ Kniehub
▶ hohe Hüfte
▶ schnelles Bodenfassen

Mittel
schaumstoff-
quader
kartonstreifen
bodenmarkier-
ungen

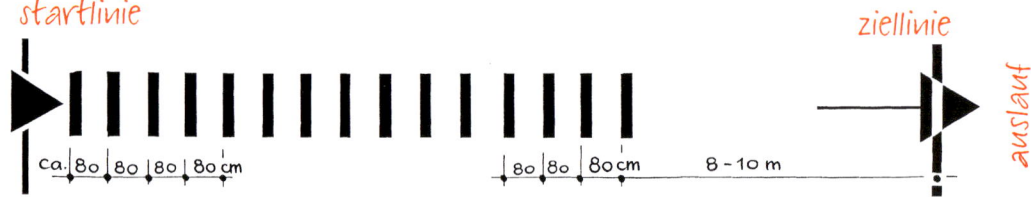

Weiterführung Die Abstände der Markierungen nehmen kontinuierlich zu.

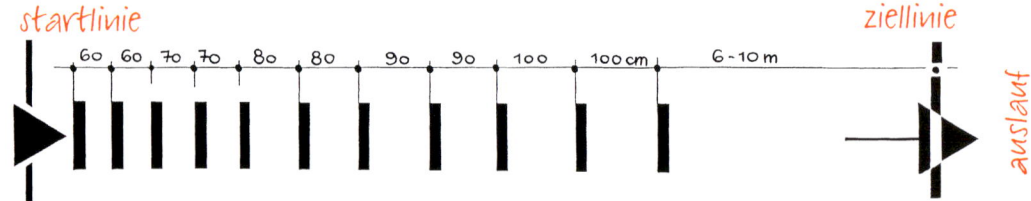

Die Abstände sind so zu wählen, daß ein druckvoller Sprint auf dem Fußballen möglich bleibt.

schnell-
laufen
8

„Startball"

12 - 15 minuten

Inhalt Die Kinder stehen jeweils paarweise an einer Startlinie zur Seite und nach hinten jeweils 1 m versetzt. In ca. 5 - 8 m Entfernung liegen Softbälle in einem Tennisring.

Auf das Kommando starten alle Schüler. Der vordere sprintet zum Ball, nimmt ihn auf und versucht, den geradlinig weitersprintenden Partner mit dem Ball zu treffen, bevor dieser die Ziellinie erreicht (siehe Skizze).

Ziel **Konzentrieren und Reagieren / Starten und Beschleunigen**

Inhalt
Strecke: 15 bis 20 m
Wdh: 2 Serien (3 x Werfen / 3 x Sprinten)
Pause: ca. 1 min zurückgehen

Mittel
10 - 15 softbälle tennisringe

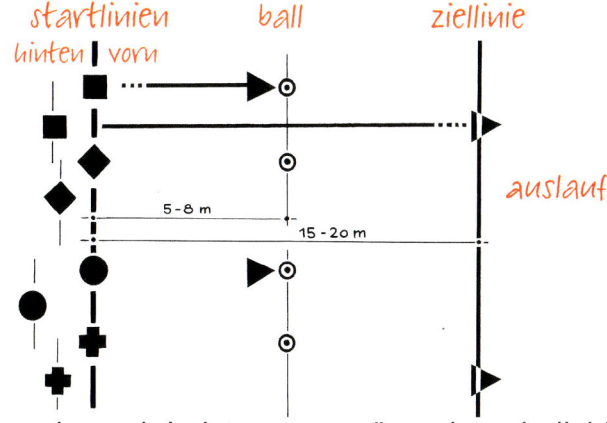

Variation Vergrößerung der Startzone je nach Leistungsvermögen bzw. individuelle Anpassung des Abstandes der beiden Partner

19

schnell-laufen 9

„Auf die Plätze - Hopp"

12 - 15 minuten

Inhalt Die Kinder liegen mit Blickrichtung zum Ziel in Bauchlage an einer Linie. Auf das Startsignal sprinten die Schüler bis zur festgelegten Zielmarkierung.

Ziel: Reagieren, Antreten und Beschleunigen aus unterschiedlichen Positionen

Hinweise

Strecke:	15 bis 25 m
Wiederholungen:	8 bis 10 in verschiedenen Variationen
Pause:	ca. 1:30 min zurückgehen

► schnelle, explosive, raumgreifende Schritte
► Ballenlauf
► Nase vorn
► die Arme helfen mit

Mittel keine

Variationen Start aus...
der Rückenlage,
dem Kniestand,
dem Sitzen,
dem „Vierfüßlerstand",
jeweils mit Blick in oder gegen die Laufrichtung

„Kauer-Start"

12 – 15 minuten

Inhalt Die Schüler stehen an der Startlinie in enger Schrittstellung („Fuß vor Fuß"). Auf das Kommando „Auf die Plätze" gehen die Schüler in „Kauerstellung" (siehe Foto). Die Schüler starten auf das Startsignal.

 **Starten aus der Schrittstellung / Finden des vorderen Beins**

Hinweise

Strecke:	15 bis 20 m
Wiederholungen:	8 bis 10 mit Wechsel des vorderen Beins
Pause:	1:30 min zurückgehen

Mittel
keine

▶ „Auf die Plätze"
ca. 1 Fuß versetzt
▶ „Fertig" = Kauerstellung
Ballenposition
Körperspannung
Armhaltung gegengleich
▶ „Los"
Antritt, Beschleunigung

Variation Leistungsdifferenzierung
   unterschiedliche Startmarkierungen
   (Vorgabestarts)

Variation Additionssprint
   Mannschaftswettbewerb (s. Seite 23)

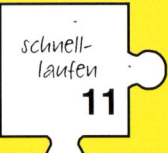

schnell-
laufen
11

„Tiefstart“

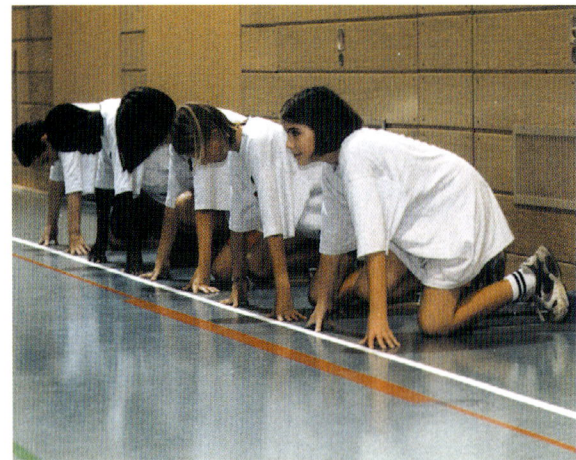

„Auf die Plätze“

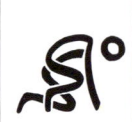

- Blockeinstellung
  vorderes Bein ca. 2 Fuß
  hinteres Bein ca. 3 Fuß
- Arme
  gestreckt
  senkrecht
  schulterbreit
- Blick nach unten
- Daumen und Zeigefinger an die Linie

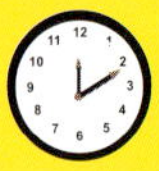

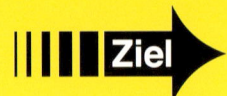

25 - 30 minuten

Ziel **Start mit Block, explosiver Abdruck, schneller Antritt**

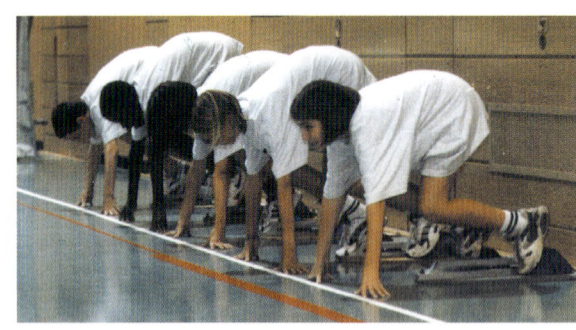

„Fertig“

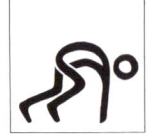

- Beindruck gegen den Block
- Hüfte anheben
- Gesäß höher als Schulter

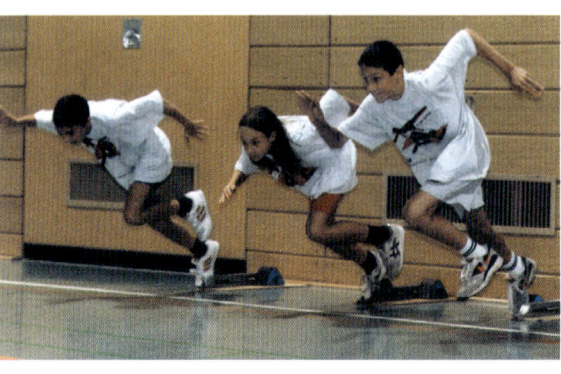

„Los“

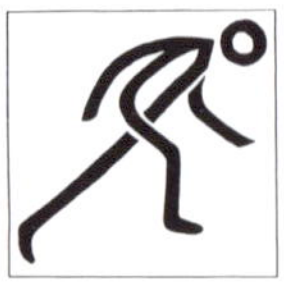

- explosiver Abdruck
- Impuls aus dem hinteren Bein
- zunehmende Streckung des vorderen Beins
- kräftiger Armeinsatz
- bewußter Ballenlauf

Mittel

startblöcke

Methodisches Vorgehen

Lernen	(1.)	„Auf die Plätze“-Position	Lehrerkorrektur ohne Start
	(2.)	„Auf die Plätze“-„Fertig“-Position und zurück zu „Auf die Plätze“	Lehrerkorrektur ohne Start
Üben	(3.)	Start einzeln (ohne / mit Kommando) 10 bis 15 m	
	(4.)	Start in der Gruppe 10 bis 15 m	
Trainieren	(5.)	Additionswettkampf Mannschaftswettbewerb (s. Seite 23)	

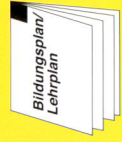

„Additionssprint"

10 - 15 minuten

Inhalt Die Kinder versuchen, auf ein Startsignal in einer vorgegebenen Zeit (4-6 sec) möglichst weit zu sprinten. Sie erhalten die Punktzahl der beim Stoppsignal erreichten Zone und addieren diese zu einem Endergebnis.

 **Antritt, Beschleunigen, freier Sprint**

Hinweise

Strecke:	20 bis 40 m
Wiederholungen:	4 bis 6
Pause:	ca. 2 min zurückgehen

► Vorgegebene Zeit und Abstand zur ersten Zone sind so zu wählen, daß alle Schüler mindestens Zone 1 erreichen.

► Bei Bedarf kann um die Zone 5 / 6 usw. ergänzt werden.

Mittel

zonentafeln
(siehe foto)

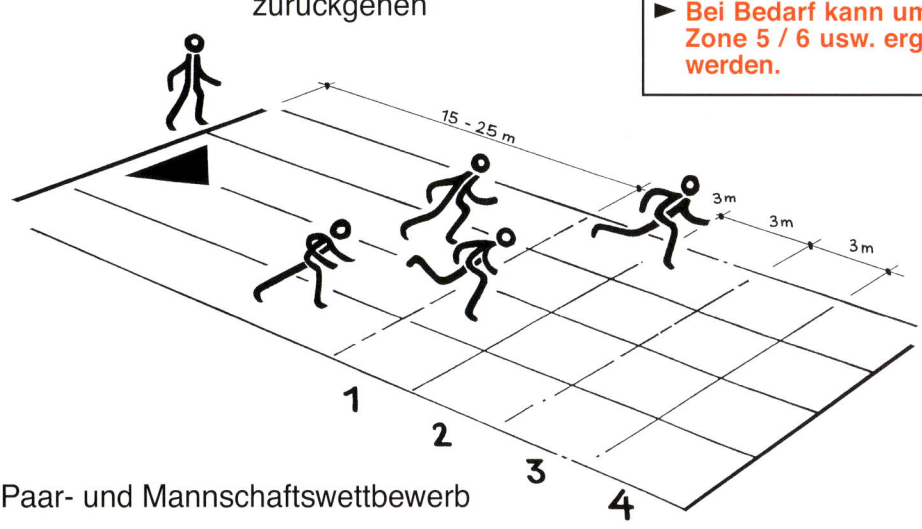

Weiterführung Paar- und Mannschaftswettbewerb

23

„Risikosprint"

10 - 15 minuten

Inhalt

Die Schüler versuchen, auf ein Startsignal innerhalb einer vorgegebenen Zeit (6-8 sec) einen Gegenstand (Tennisball, Parteiband, Tennisring) aus einer selbstgewählten Zone („Risiko") schnellstmöglich zu holen und über die Start - Ziellinie zurück zu transportieren.

Gelingt dies vor dem Stoppsignal, erhält der Schüler die Punktzahl der erreichten Zone, ansonsten keinen Punkt.

Ziel → **Antritt, Beschleunigen, Abbremsen, freier Sprint**

Hinweise

Strecke:	30 bis 40 m
Wiederholungen:	4 bis 6
Pause:	ca. 2 min

► Vorgegebene Zeit und Abstand zur ersten Zone sind so zu wählen, daß alle Schüler mindestens Zone 1 erreichen.

Mittel
tennisbälle
tennisringe
parteibänder

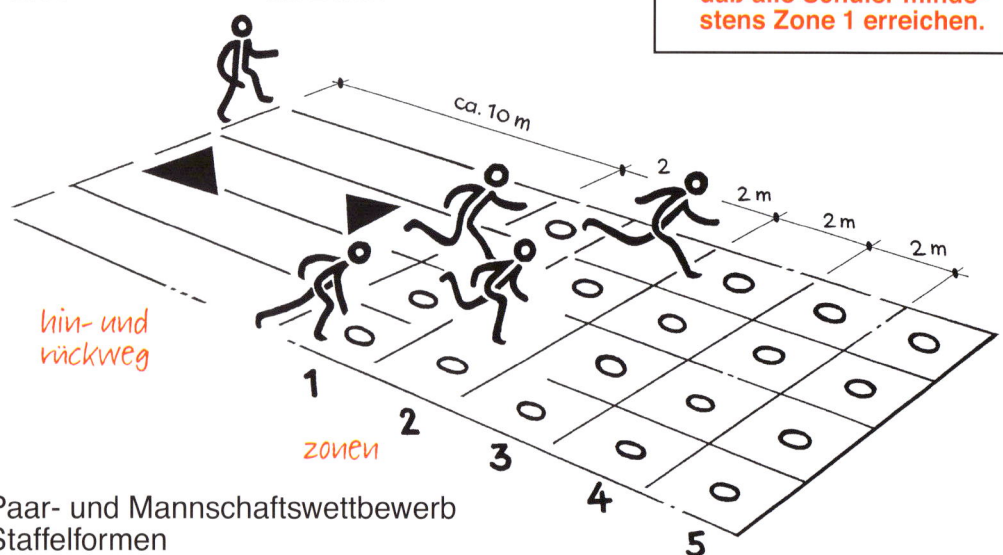

Weiterführung

Paar- und Mannschaftswettbewerb
Staffelformen

Vom „Über-Laufen" zum Hürdenlauf

„Pfützentreten"

8–12 minuten

Grundform   Weiterführung

Inhalt Matten liegen unregelmäßig in der Halle. Sie stellen „Pfützen" dar. Die Kinder treten mit rechts oder links kräftig in die „Pfützen", so daß es „richtig spritzt", laufen weiter zur nächsten „Pfütze" usw.

 **Ziel** Aktives Setzen und schnelles Abdrücken

Hinweise

Dauer: 30 sec
Wiederholungen: 3 bis 5
Pause: 1 bis 1:30 min

▶ Zwei Gruppen wechselweise

▶ **Laufen auf dem Fußballen**

 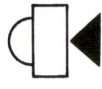 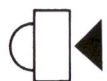

drauf-
treten

Mittel
ca. 10 matten
ca. 10 reifen

über-
laufen

Weiterführung Hinter jeder Matte liegt ein Reifen. Der Reifenrand wird unter die Matte geschoben (Sicherung).
Flaches Überlaufen der Matte und schnelles Treten in die Reifen mit kraftvollem Weiterlaufen (siehe Skizze).

„Mattenbahnsprint"

12 - 15 minuten

Inhalt

Die Matten liegen in unregelmäßigen Abständen quer in einer Reihe (siehe Skizze).

Die Kinder sprinten durch die Mattenbahnen, treten mit dem rechten oder linken Bein und kräftigem Abdruck auf die Matte.

 **Schnelles Sprinten, kräftiges Abdrücken, schnelles Setzen, Rhythmusschulung**

Mittel

ca. 10 matten
ca. 10 reifen

Strecke:	15 bis 25 m
Wiederholungen:	5 bis 8
Pause:	1 bis 1:30 min zurückgehen

▶ **Laufen auf dem Fußballen**
▶ **Die Arme helfen mit**

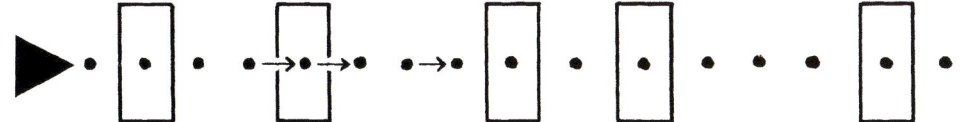

Weiterführung

Hinter jeder Matte liegt ein Reifen. Der Reifenrand wird unter die Matte geschoben (Sicherung).

Flaches Überlaufen der Matte und schnelles Treten in die Reifen mit kraftvollem Weitersprinten.

„Matten-Reifen-Sprint" im 3er-Rhythmus

12 - 15 minuten

Inhalt Die Matten liegen in regelmäßigen Abständen in einer Reihe. Vor der ersten Matte liegen 3 oder 5, zwischen den Matten jeweils 4 Gymnastikreifen (Durchmesser 60 - 80 cm, siehe Skizze 1). Die Kinder sprinten durch die Mattenbahn, mit einem Ballenkontakt pro Reifen.

Abdruckschulung im 3er-Rhythmus, schnelles Sprinten, schnelles Setzen

Hinweise

Strecke:	20 bis 25 m
Wiederholungen:	3 bis 5 re und 3 bis 5 li beginnend
Pause:	1 bis 1:30 min zurückgehen

▶ Laufen auf dem Fußballen
▶ die Arme helfen mit
▶ flaches, schnelles Überlaufen
▶ hohe Hüftposition

Mittel

40 reifen
(oder fahrradreifen 60 - 80 cm)
8 matten

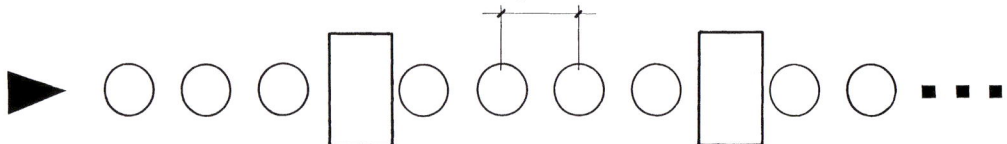

Weiterführung Der Reifen hinter der Matte wird zu einem Drittel unter die Matte geschoben, um ein schnelleres und aktiveres Setzen des Fußes zu ermöglichen. Der vierte Reifen wird an den dritten geschoben und damit etwas von der nächstfolgenden Matte entfernt, um ein kräftigeres Abdrücken und eine Sprintposition zu garantieren (siehe Skizze 2).

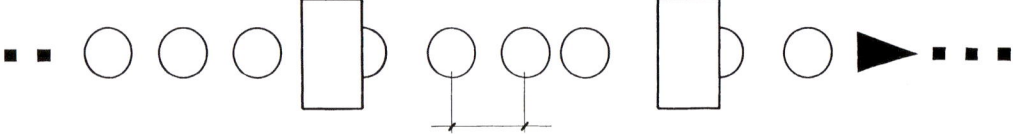

überlaufen 4

„Matten-Reifen-Sprint" im 4er-Rhythmus

12 - 15 minuten

Inhalt

Zwischen den Matten liegen jetzt je 5 Gymnastikreifen wieder in regelmäßigen Abständen (siehe Skizze 1). Die Kinder sprinten durch die Reifen über die Matten, mit einem Ballkontakt in jedem Reifen.

Ziel

Abdruckschulung im 4er-Rhythmus, schnelles Sprinten, schnelles Setzen

Hinweise

Strecke:	20 bis 25 m
Wiederholungen:	3 bis 5 re und 3 bis 5 li beginnend
Pause:	1 bis 1:30 min zurückgehen

▶ Laufen auf dem Fußballen
▶ die Arme helfen mit
▶ flaches, schnelles Überlaufen
▶ hohe Hüftposition

Mittel
40 reifen
(oder fahrradreifen 60 - 80 cm)
8 matten

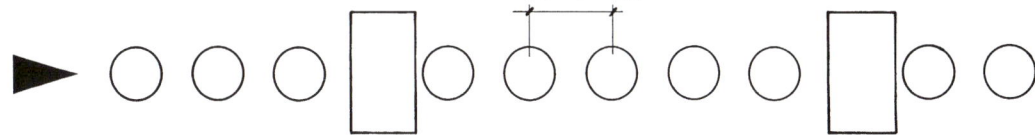

Weiterführung

Der Reifen hinter der Matte wird wieder zu einem Drittel unter die Matte geschoben. Der fünfte Reifen wird an den vierten geschoben und damit etwas von der nächstfolgenden Matte entfernt (siehe Skizze 2).

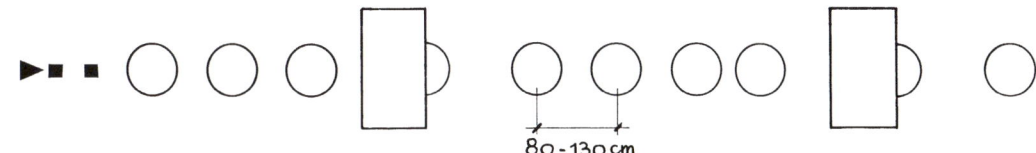

Bildungsplan/Lehrplan

„Hütchen-Sprint" „3er-Rhythmus"

12 - 15 minuten

Inhalt

Mit Markierungskegeln und Matten werden Hindernisse in einer Reihe angeordnet. Der Abstand sollte 5,5 bis 6,5 m (3er Rhythmus) betragen. Als Anlaufhilfe werden vor der ersten Matte 5 Reifen plaziert (siehe Skizze).
Die Kinder sprinten über die Hindernisse und führen das vordere Bein über den tiefsten Punkt zwischen den Hütchen.

Ziel

Schnelles Überlaufen eines Hindernisses, Rhythmusschulung

Hinweise

Strecke:	20 bis 25 m
Wiederholungen:	5 bis 8
Pause:	1 bis 1:30 min zurückgehen

► siehe S. 28
   „hohe Hüfte"
   „hohes Knie"
   „angezogene Fußspitze"
► Achtung:
   Ausführung beidseitig

Mittel

markierungs-
kegel
matten
stäbe

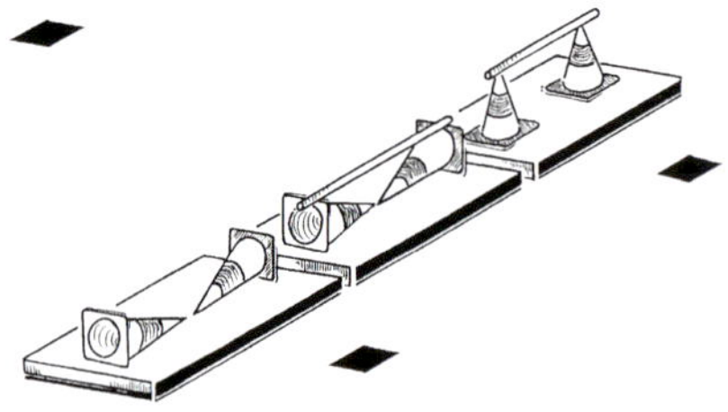

Weiterführung Über die Hütchen wird ein Stab gelegt.

Weiterführung Die Hütchen werden aufgestellt, darüber wird ein Stab gelegt.

Variation Zur Rhythmusstabilisierung kann man zwischen den Hindernissen wieder 4 Reifen wie auf S. 28 einsetzen.

überlaufen 6

12 - 15 minuten

„Matten-Hütchen-Sprint" „3er-Rhythmus"

Inhalt

3 bis 4 Markierungskegel werden auf den Boden gelegt, mit einer Matte abgedeckt und in einer Reihe angeordnet. Der Abstand sollte 5,5 bis 6,5 m betragen.
Als Anlaufhilfe werden vor der ersten Matte 5 Reifen plaziert (s. Skizze).

 **Ziel** → **Schnelles Überlaufen eines Hindernisses, Rhythmusschulung**

Hinweise

Strecke:	20 bis 25 m
Wiederholungen:	3 bis 5 re 3 bis 5 li beginnend
Pause:	1 bis 1:30 min zurückgehen

▶ siehe S. 28
  „hohe Hüfte"
  „hohes Knie"
  „angezogene Fußspitze"
▶ Achtung:
  Ausführung beidseitig

Mittel

markierungs-
kegel
stäbe
matten
kastenteile
schaumstoff-
quader
pappdreiecke

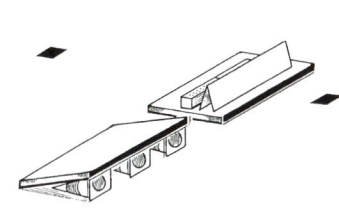

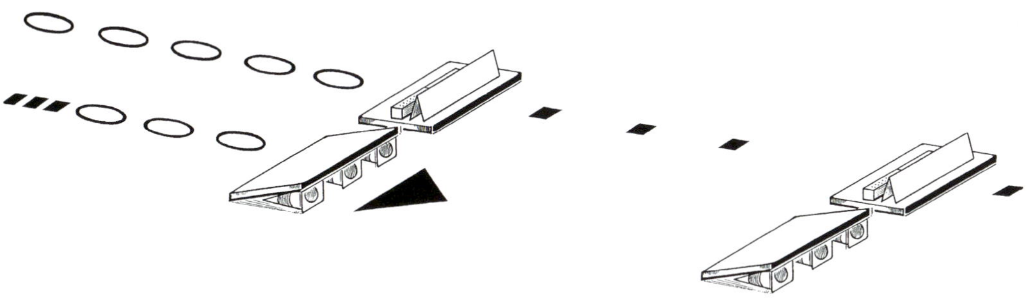

Weiterführung

Die Markierungskegel werden aufgestellt, zur besseren Stabilität können sie in Kastenteile gestellt werden (siehe Abb. S. 25).

Variation

Zur Rhythmusstabilisierung können zwischen den Hindernissen wieder 4 Reifen wie auf S. 28 eingesetzt werden.

überlaufen 7

„Turnbank-Sprint"

12 - 15 minuten

Inhalt

Drei bis vier Bänke werden quer in einer Reihe mit 4,5 bis 6 m Abstand (3er-Rhythmus) gestellt. Unter jede Bank wird eine Matte quer zur Laufrichtung gelegt. Auf jeder Bank wird mit zwei Medizinbällen eine Gasse gebildet (siehe Skizze).

Die Kinder sprinten über die Bänke und werden durch den Aufbau gezwungen, vor der Matte kräftig abzudrücken. Das vordere Bein (Schwungbein) wird zwischen den beiden Bällen, das nachfolgende (Nachziehbein) über den Medizinball geführt.

**Ziel**

Schnelles Überlaufen eines Hindernisses, Rhythmusschulung

Hinweise

Strecke:	20 bis 25 m
Wiederholungen:	3 bis 5 re 3 bis 5 li
Pause:	1 bis 1:30 min zurückgehen

▶ „hohes Knie"
▶ „gerades Schwungbein" (durch die Ballgasse)
▶ „abgespreiztes Nachziehbein" (über den Medizinball)
▶ „angezogene Fußspitze"

Mittel
turnbänke
matten
tennisringe
medizinbälle

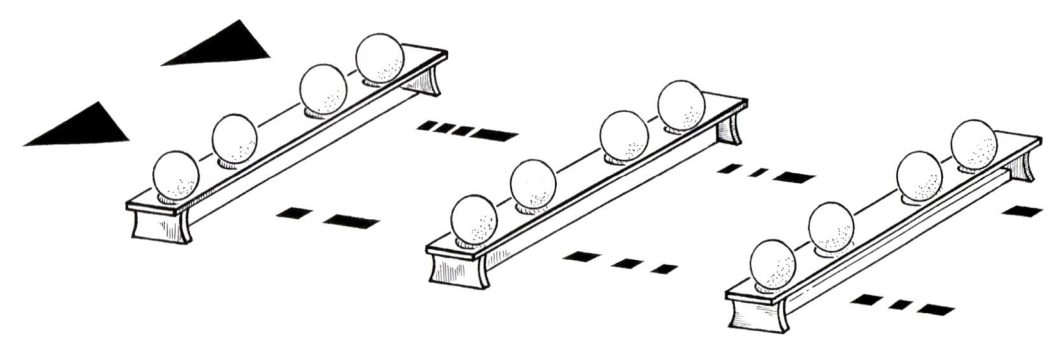

Bildungsplan/Lehrplan

32

„Gymnastikstab-Hürdenlauf"

12 - 15 minuten

Inhalt Ein Gymnastikstab wird lose auf einer Höhe von 40 - 60 cm aufgelegt. Der Abstand zwischen den einzelnen „Hürden" beträgt 5,5 bis 6,5 m. Die Kinder sprinten durch die Hürdenbahn mit 3 - 4 Hindernissen.

Ziel Rhythmisches Überlaufen kindgemäßer Hürden

Hinweise

Strecke:	20 bis 30 m
Wiederholungen:	5 bis 8
Pause:	1 bis 1:30 min zurückgehen

▶ **Der Gymnastikstab-Hürdenlauf bietet sich als Kombination und Fortführung mit dem Turnbanksprint an - siehe Foto.**

Mittel
gymnastikstäbe
tellerfüsse
stabaufleger

Weiterführung 1 Die Stäbe werden gemäß den Fähigkeiten und Fertigkeiten der Kinder höhergelegt.

Weiterführung 2 Die Stäbe werden auf der Nachziehbeinseite etwas höher gelegt, um den Einsatz des Nachziehbeines zu verbessern.

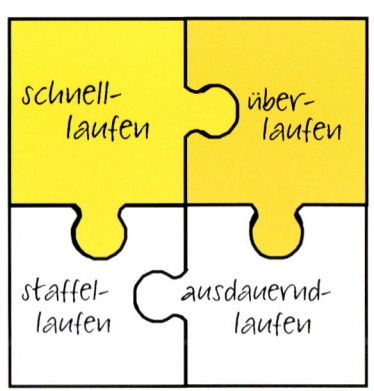

eigene ergänzungen

Vom „Staffel-Laufen" zur Rundenstaffel

"Pendelstaffel – Hin und Her"

8 - 10 minuten

Inhalt

Die Kinder einer Mannschaft (8 bis 10) stehen hintereinander in einer Bahn, die eine Hälfte links, die andere Hälfte rechts, jeweils hinter der Startlinie. Sie sprinten hin und her. Der „Annehmende" umgreift mit dem rechten Arm ein Wechselmal und übernimmt so den „Staffelstab" (Tennisring, Ball, Parteiband, Schwamm, Staffelstab usw.).

Die Staffel ist beendet, wenn jedes Mannschaftsmitglied wieder an seinem jeweiligen Ausgangspunkt angelangt ist.

Schnelles Sprinten im mannschaftlichen Gefüge / Frontales Übergeben und Übernehmen

Hinweise

Strecke: 20 bis 30 m

Wiederholungen: bis zu 3

Pause: je 2 bis 3 min zwischen den Wiederholungen

Mittel

malstangen
tennisringe
schwämme
staffelstäbe
usw.

„Nehmer"
► offene Hand
► ruhige Armhaltung über Hüfthöhe
► Greifen / Festhalten

„Bringer"
► Armführung wie beim Sprint
► Geben und Loslassen

Weiterführung

„Kombi-Staffel"

Drei bis vier Hindernisse (Mattenbogen, Kartons, Schaumstoffquader, Dreiecke usw.) werden auf dem Hin- und Herweg überlaufen (vgl. „Vom Über-Laufen zum Hürdenlauf", Seite 26 - 33).

36

staffel-laufen 2

„Bankstaffel"

10 - 12 minuten

Inhalt

Die Kinder einer Mannschaft (8 - 10) sitzen auf einer Langbank. Die jeweiligen Läufer stehen am Anfang der Wechselgasse zum Start oder zur Übernahme bereit (siehe Skizze). Die Übergabe erfolgt zunächst aus dem Stand innerhalb der Wechselgasse.

Ziel

Schnelles Sprinten /
Übergabe von hinten / rechts bringt – links nimmt

Mittel
4 turnbänke
staffelstäbe
malstangen

Strecke: 20 bis 30 m
Wiederholungen: 3 bis 4
                  in veränderter
                  Reihenfolge
Pause: je 2 bis 3 min
                  zwischen den
                  Wiederholungen

▶ linke Hand „nimmt"
▶ rechte Hand „bringt"
▶ Übergabe von hinten unten
▶ Achtung! Handwechsel

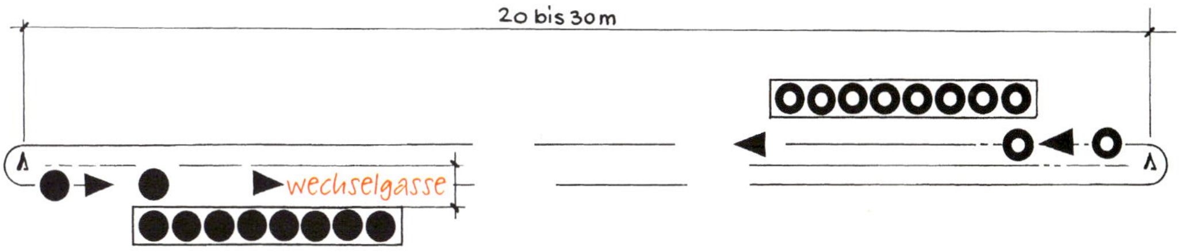

Wichtig:
  Die Schüler laufen auf einer
  Umlaufbahn;
  Weg für andere
  Staffel freihalten.

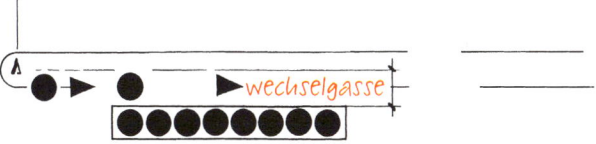

Weiterführung

Übernahme aus dem Gehen / Übernahme aus dem Traben

37

staffel-laufen 3

„Gassenstaffel"

12 - 20 minuten

Inhalt Die den Stab übernehmenden Kinder laufen aus der Hochstart- oder Kauerposition in dem Moment weg, wenn die „Stabbringer" die Markierung überlaufen (siehe Skizze).

Ziel **Zunehmend schnelleres Übergeben und Sprinten, Beachten einer Ablaufmarkierung**

Hinweise

Strecke:	30 bis 40 m
Wiederholungen:	3 bis 6 in veränderter Reihenfolge
Pause:	je 2 bis 3 min zwischen den Wiederholungen

- ▶ rechte Hand „bringt"
- ▶ linke Hand „nimmt"
- ▶ Übergabe von hinten unten
- ▶ Handwechsel

Mittel
turnbänke
staffelstäbe
markierungs-
kegel

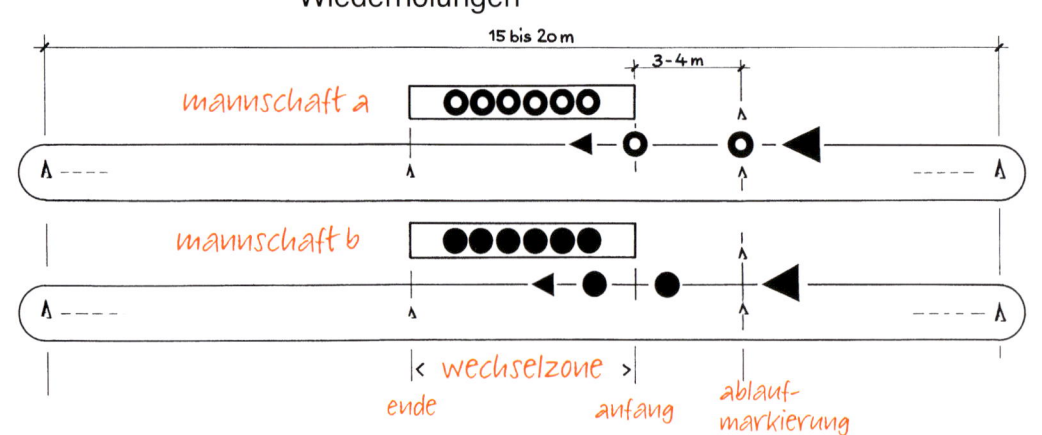

staffel-
laufen
4

„Dreiecksprintstaffel"

bis 25 minuten

Ziel ▶ Schnelles und sicheres Wechseln, auch „wenn´s eng wird"

Hinweise

Strecke:	30 bis 50 m
Wiederholungen:	3 bis 5 in veränderter Reihenfolge
Pause:	je 3 bis 4 min zwischen den Wiederholungen

Mittel
turnbänke
staffelstäbe
markierungs-
kegel

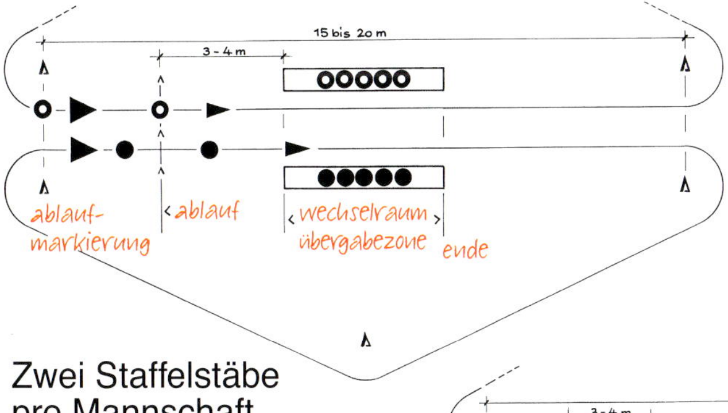

ablauf-markierung ablauf wechselraum übergabezone ende

Variation Zwei Staffelstäbe pro Mannschaft sind unterwegs

Variation „Verfolgungsrennen" mit 4 Staffeln und verlängerter Sprintstrecke

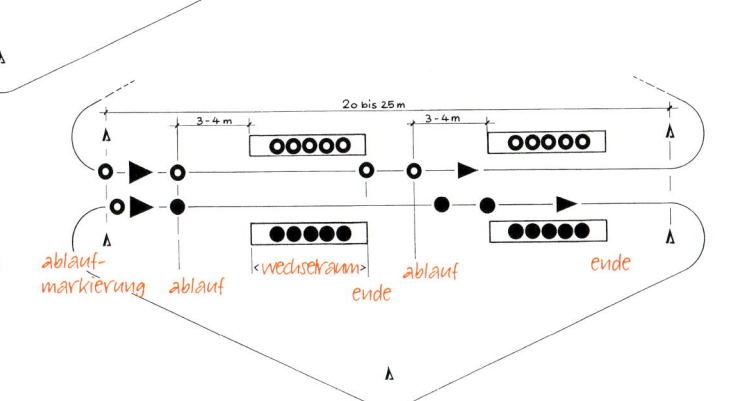

ablauf-markierung ablauf wechselraum ende ablauf ende

Bildungsplan/
Lehrplan

„Geradeausstaffel"

staffel-laufen 5

10 - 12 minuten

Inhalt

Jeweils 4 Kinder bilden eine Staffel.

Die 100 m - Strecke wird in 4 Teilstrecken aufgegliedert (siehe Skizze). Die jeweiligen Ablaufmarkierungen werden individuell nach Leistungsfähigkeit und Vorerfahrung zunehmend abgestimmt und angepaßt.

Ziel — Wechsel unter wettkampfnahen Bedingungen

Hinweise

Strecke:	25 m
Wiederholungen:	4 bis 6 auch in veränderter Reihenfolge
Pause:	ca. 2 min zurückgehen

Mittel

staffelstäbe
ablauf-markierungen
markierungs-kegel

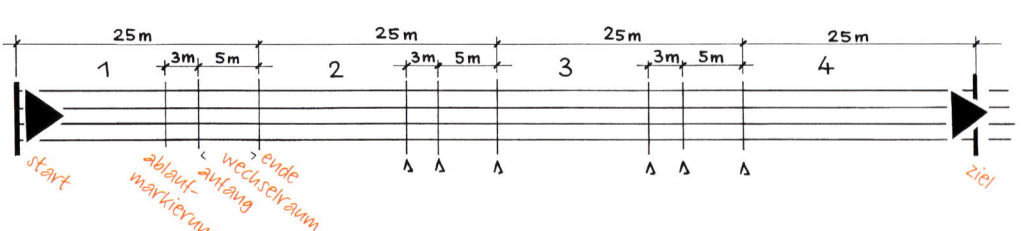

Variation

4 x 25 m - Staffel in der Kurve / Vorteil: bessere Übersicht

„Halbrundenstaffel" 4 x 50 m

staffel-laufen 6

10 - 18 minuten

Inhalt Die Läufer stehen an den jeweiligen 50 m-Markierungen der Rundbahn. Die Ablaufmarkierungen werden individuell festgelegt. Innerhalb der folgenden 10 m sollte der Stab übergeben werden.

Wettkampfform

Hinweise

Strecke:	50 m
Wiederholungen:	3 bis 4 auch in veränderter Reihenfolge
Pause:	3 bis 4 min zurückgehen

Mittel
staffelstäbe
ablauf-
markierungen
(schuhe,
klebeband
o.ä.)

- ► rechte Hand „bringt"
- ► linke Hand „nimmt"
- ► Übergabe von hinten unten
- ► Handwechsel
- ► Achtung: Bahn einhalten

Variation „Rundenstaffel" 8 x 50 m

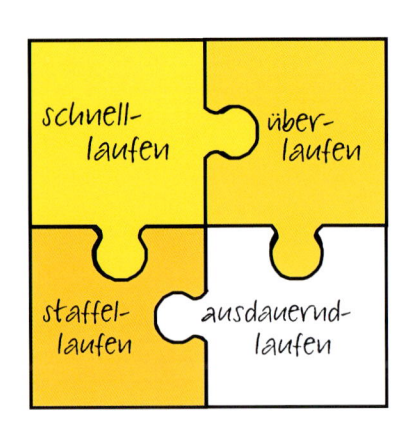

schnell-laufen | über-laufen
staffel-laufen | ausdauernd-laufen

eigene ergänzungen

_____

42

Vom „Ausdauernd-Laufen" zum Dauerlauf

ausdauernd-laufen 1

„Eisenbahn"

5 - 8 minuten

Inhalt

Die Klasse läuft in Vierer- bis Sechsergruppen hintereinander frei in einem vorgegebenen Spielfeld (Halle oder Gelände). Der Vorauslaufende verkörpert die „Lok des Zuges", bestimmt damit das Tempo der Gruppe und nimmt mit einer Stoppuhr die Laufzeit. Nach einer Minute soll der „Zug" in den „Bahnhof" einlaufen, um den Fahrplan einzuhalten.

Hier wird die Lok gewechselt, der nächste Schüler erhält die Stoppuhr, die ehemalige Lok wird zum Anhänger. Die Züge verlassen den Bahnhof für die nächste Minute.

Ziel — **Tempogefühl erarbeiten / Erlernen der Pulsmessung / Zeitorientierung**

Hinweise

Mittel
*stoppuhren
markierungs-
kegel
langbänke*

Dauer:	4 - 6 mal jeweils ca. 1 min
Pause:	Stoppuhrübergabe

Hinweis für alle Einheiten:
► Laufen in gleichmäßigem Tempo
► Verbesserung der Ausdauerleistungsfähigkeit durch Gesamtlaufzeit von 12 / 15 min bis zu 20 / 25 min

Variation

„Endloszug"
Alle „Züge" der Klasse werden zusammengekoppelt. Die „Lok" des Zuges gibt die Zeit von 2 Minuten vor.

1. Form „Gehen"
2. Form „Traben"
3. Form „Laufen"

► **Pulsmessung unmittelbar nach der Laufbelastung**
► **Pulsrichtwerte:**
   Gehen   100
   Traben   130
   Laufen   160 - 180

„Zeitschätzlauf"

ausdauernd-laufen 2

8 - 10 minuten

Inhalt

Die Kinder laufen in individuellem Tempo kreuz und quer in einem festgelegten Feld. Sie sollen die Laufzeit von 2 Minuten möglichst genau abschätzen und sich nach Ablauf der Zeit in Reihe auf eine Langbank setzen. Wem dies mit der geringsten Zeitabweichung gelingt, ist Sieger des Durchgangs.

Ziel

Laufen in gleichmäßigem Tempo / Zeitgefühl

Hinweise

Dauer: 3 x 2 min
Pause: so kurz wie möglich

Hinweis auf Seite 44 beachten:
► Wie verhält sich der Puls beim schnelleren, wie beim langsamen Laufen?
► Wie lange dauert es, bis sich der Puls wieder beruhigt?

Mittel

2 Langbänke
mehrere
Stoppuhren

Variation 1

Alle Kinder laufen in beliebigem Tempo in einem bestimmten Feld und schätzen die vorgegebene Laufzeit zwischen Start- und Stoppsignal (3 bis 5 Durchgänge, jeweils 2 bis 4 Minuten). Wer das vorgegebene Zeitintervall am genauesten benennen kann, ist Sieger des Durchganges.

Variation 2

In homogenen Dreier-, Vierer- oder Fünfergruppen bestimmt der Vorderste das Lauftempo. Mit einer Stoppuhr nimmt er eine selbstgewählte Laufzeit zwischen 2 und 3 Minuten. Nach dem Laufende schätzen die Kinder die Laufzeit. Der beste „Schätzer" erhält die Uhr für den nächsten Lauf (5 Wiederholungen).

Bildungsplan/Lehrplan

„Linienbus"

ausdauernd-laufen 3

⏱ 12 - 20 minuten

Inhalt

Markante Punkte im Gelände / in der Halle (z.B. Bäume, Tore, Gebäudeteile usw.) werden zu Haltestellen erklärt (A-Dorf, B-Dorf, C-Dorf usw.).

Die Klasse wird (möglichst leistungshomogen) in 4 „Busse" aufgeteilt, die im zentralen Busbahnhof zur Abfahrt bereitstehen. Die „Fahraufträge" werden erteilt und legen fest, in welcher Reihenfolge die „Stationen" angefahren werden sollen (Streckengefühl). Die in den Busbahnhof zurückkehrenden „Busse" werden mit neuen Fahrplänen erneut auf die Reise geschickt.

Ziel ➤ **Laufen in der Gruppe / Orientierungsfähigkeit im Gelände**

Hinweise

Dauer: 2 bis 3 min pro Fahrauftrag / 5 bis 6 Fahraufträge

Gesamtlaufzeit: 10 bis 18 min

▶ **Dauerlaufschritt**
▶ **Abrollen über die ganze Sohle**

Mittel
*fähnchen
markierungs-
kegel
„fahrpläne"
„haltepunkte"*

Fahrplan Linie 1	Fahrplan Linie 2
A-Dorf	B-Dorf
B-Dorf	D-Dorf
C-Dorf	A-Dorf
D-Dorf	C-Dorf

Fahrplan Linie 3	Fahrplan Linie 4
D-Dorf	C-Dorf
B-Dorf	A-Dorf
C-Dorf	B-Dorf
A-Dorf	D-Dorf

„Rechtecklauf"

ausdauernd-laufen 4

4-5 minuten

Inhalt

Die Klasse verteilt sich gleichmäßig um ein Rechteck mit 50 m Umfang, dessen vier Eckpunkte durch Hütchen markiert sind (siehe Skizze).

Die Schüler laufen um das Rechteck und regulieren ihr Tempo so, daß sie nach gleichen vorgegebenen Zeitintervallen (Signal) immer wieder ihren Ausgangspunkt überlaufen.

Ziel ▶ **Tempogefühl / Einschätzen von Durchgangszeiten**

Hinweise

Dauer: 3 min

Tempo: 20 sec pro Runde von 50 m entsprechen 6:40 min pro km.

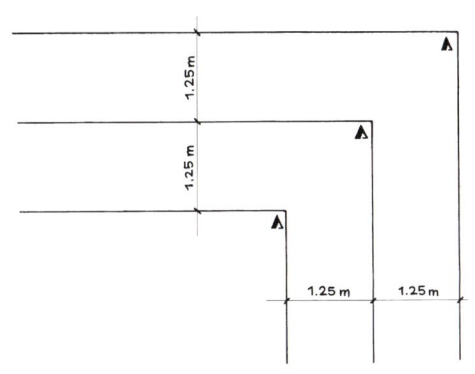

Mittel

12 fähnchen oder markierungs-kegel stoppuhr

▶ Atmung
- durch Mund und Nase
- länger aus als ein
- Wie verändert sich die Atmung, wenn man schneller läuft?
- Hinweis auf S. 44 beachten

▶ Im Freien entsprechen doppelte Längenmaße doppelten Zeiten pro Runde.

Variation

Obiges Rechteck mit 50 m Umfang wird um 2 weitere Rechtecke mit 60 bzw. 70 m Umfang nach außen erweitert. Nach je 2 Minuten (6 Runden) besteht die Möglichkeit, auf die nächste Bahn zu wechseln.

Tempo: 7:30 min pro km auf dem 45 m-Rechteck
6:40 min pro km auf dem 50 m-Rechteck
5:30 min pro km auf dem 60 m-Rechteck
4:50 min pro km auf dem 70 m-Rechteck

47

ausdauernd-laufen 5

„Steintransportlauf"

10 - 12 minuten

Inhalt

Innerhalb eines Zeitraums von 8 bis 10 Minuten transportieren alle Kinder gleichzeitig kleine Steine. Vom Startplatz aus laufen sie auf der Runde einen Stein tragend und legen diesen in die eigene Zählstation (farbiger Eimer), entnehmen dem etwa 5 m entfernten Eimer den nächsten Stein und tragen diesen wieder zur Zählstation usw.

Der Lauf wird durch ein Signal beendet, aufgenommene Steine dürfen noch in die Zählstation abgelegt werden. Sieger ist die Mannschaft mit der höchsten Steinzahl in der Zählstation.

Ziel — Wetteifern mit der Mannschaft

Hinweise

Dauer: 8 bis 10 min

▶ Der Steintransportlauf eignet sich hervorragend als Wettbewerb im Rahmen eines leichtathletischen Schulsporttages.

Mittel
8 eimer in
4 farben
viele steine

mannschaft a

mannschaft b

5m

Variation

„Revanche" mit veränderter Laufrichtung

Bildungsplan/Lehrplan

48

„Achterbahn"

ausdauernd-laufen 6

16 - 20 minuten

Inhalt

Die Klasse wird in 4 bis 6 gleichgroße Gruppen eingeteilt, die auf einem Großspielfeld in gleicher Richtung „Achter" laufen (siehe Skizze). An markierten Stellen (Hütchen, Fahnen usw.) können einzelne Kinder ihre Gruppe verlassen, auf „Warteschleife gehen" (Markierung umtraben), um sich der nachfolgenden Gruppe wieder anzuschließen.

Ziel

Laufen über längere Zeit /
Anpassen an Tempo und Rhythmus der Gruppe

Hinweise

Dauer: 2 x 8 bis 10 min bei gleichmäßigem Tempo

Variation

Laufen mit Schuhen oder barfuß auf trockenem, unebenem, feuchtem, schneebedecktem, weichem usw. Untergrund

Variation

„Lauftreff"
Die Klasse wird in homogene Paare eingeteilt. Die beiden Läufer beginnen im Mittelpunkt und laufen in entgegengesetzter Richtung auf der Acht. Sie sollen ihr Tempo so aufeinander abstimmen, daß sie sich immer wieder im Schnittpunkt der Laufwege („Lauftreff") begegnen.

Dauer:
2 x 8 bis 10 min bei gleichmäßigem Tempo

Mittel
markierungskegel oder fahnen

► Diese Laufform bietet sich an zur Durchführung und Abnahme des DLV-Laufabzeichens (vgl. S. 51).

49

"Orientierungslauf"

ausdauernd laufen 7

1 unterrichtsstunde

Inhalt

Start und Zielzone befinden sich am gleichen zentralen Punkt. Jede Mannschaft besteht aus 3 - 5 Läufern und muß die auf ihrer Laufkarte angegebenen Stationen nacheinander anlaufen.

An jeder Station befinden sich Aufgaben (Wissensfragen zu Mathe, Erdkunde, Sport usw.), deren Lösungen in die Laufkarte bei Start und Ziel einzutragen sind. Danach muß die nächste Station angelaufen werden usw.

Die einzelnen Mannschaften erhalten Laufkarten mit unterschiedlicher Reihenfolge der Stationen.

Ziel: Ausdauerndes Laufen im Gelände / Orientieren / Suchen

Hinweise

Dauer: bis 15 - 20 min

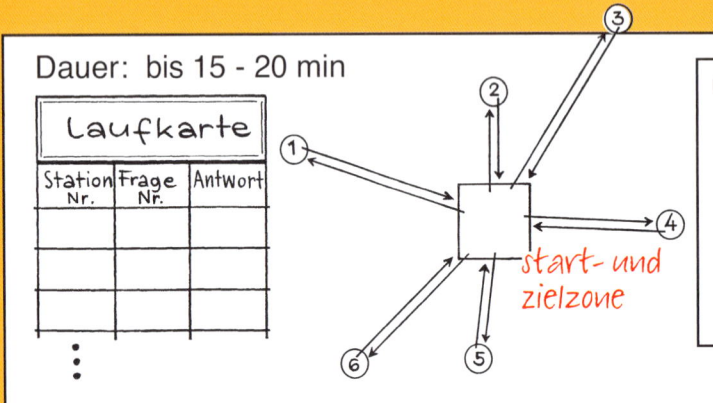

► Diese Ausdauerform eignet sich darüber hinaus besonders für Wettbewerbe bei Schullandheimaufenthalten, bei Schulsporttagen und bei den Bundesjugendspielen.

Mittel
laufkarten (versch. farben)
aufgabenblätter
stationstafeln
oder eimer/
stifte

Variation 1 — „Über Stock und Stein"

Die Entfernungen werden deutlich vergrößert (bis 1000 m / Hin- u. Rückweg), dabei die Anzahl der Stationen - je nach Gelände - verringert.

Variation 2 — Jedes Mannschaftsmitglied löst je eine Aufgabe, die zum Mannschaftsergebnis beiträgt.

Variation 3 — Die Kinder wählen den direkten Weg von Station zu Station und kehren erst am Ende zu Start und Ziel zurück.

DLV-Laufabzeichen

ausdauernd-laufen 8

20 - 40 minuten

15 Minuten
Laufen ohne Pause,
Tempo beliebig

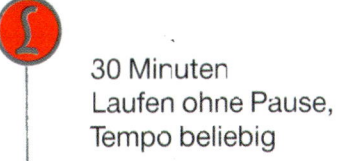

DLV Laufabzeichen-Ausweis
Name / *Vorname* / *Jahrgang*
hat mit **15 Minuten** Laufen die Bedingungen der **1. Stufe** erfüllt.
Ort
Datum / Stempel und Unterschrift
* bitte Druckbuchstaben

30 Minuten
Laufen ohne Pause,
Tempo beliebig

DLV Laufabzeichen-Ausweis
Name / *Vorname* / *Jahrgang*
hat mit **30 Minuten** Laufen die Bedingungen der **2. Stufe** erfüllt.
Ort
Datum / Stempel und Unterschrift
* bitte Druckbuchstaben

Als Anreiz, äußere Zielsetzung und Ergänzung des schulsportlichen Angebots stellt sich das „DLV-Laufabzeichen" vor. Durch Verzicht auf den Zeit- bzw. Streckenfaktor ist diesem Abzeichen der Wettbewerbscharakter genommen.

Die Bedingungen für das Erreichen dieses Abzeichens machen ein stufenweise aufbauendes Dauerlauftraining notwendig und können auch von bisher Untrainierten nach regelmäßigem Üben - also mit konditioneller Anpassung - erfüllt werden.

Verleihungsrichtlinien: Die einzelnen Abzeichenstufen unterscheiden sich durch Farben und werden als Anstecknadel mit einem Durchmesser von 45 mm ausgegeben.

- ► Stufe 1: 15 Minuten Laufen, ohne Pause, Tempo beliebig
- ► Silbernes „L" auf grünem Grund

- ► Stufe 2: 30 Minuten Laufen, ohne Pause, Tempo beliebig
- ► Silbernes „L" auf rotem Grund

- ► Stufe 3: usw.
- ► usw.

Abnahmeberechtigt sind Lehrerinnen und Lehrer aller Schularten, die Sportunterricht erteilen.

Für jede Stufe gibt es eine gesonderte Ausweiskarte, die nach Erfüllung der Bedingungen ausgefüllt wird.

Die Beglaubigung erfolgt durch Unterschrift und sollte durch den Schulstempel ergänzt werden.

Bestellung und Bezahlung

Die Ausweise und Abzeichen können nur über den zuständigen Landes-Leichtathletik-Verband bestellt und abgerechnet werden. Für den Ausweis wird eine Schutzgebühr von -,30 DM pro Stück erhoben. Der Preis für die Nadel oder ein Stoffabzeichen beträgt jeweils 2,- DM.

eigene ergänzungen

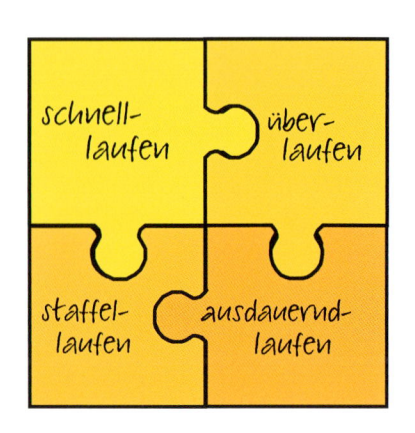

Literatur:

Spielleichtathletik Teil 1   Katzenbogner Hans / Medler, Michael
                              Sportbuchverlag Neumünster 1993

Spielleichtathletik Teil 2   Katzenbogner Hans / Medler, Michael
                              Sportbuchverlag Neumünster 1993

„Leichtathletik-Training" – Zeitschrift für Trainer, Übungsleiter und Sportlehrer
                              Philippka-Verlag Münster

Leichtathletik in Schule und Verein auf dem Prüfstand
                              Sportforum Ludwigsburg 1990 – Kongressbericht
                              Meyer & Meyer Verlag Aachen 1991

Kinder in der Leichtathletik – Bericht vom Kongress des Deutschen Leichtathletik-
                              Verbandes 1996 in Mainz
                              Ph. Reinheimer Darmstadt 1997

„Bundesjugendspiele" – Vorabdruck des Deutschen Leichtathletik-Verbandes – Darmstadt 1997

Broschüre DLV-Laufabzeichen   Deutscher Leichtathletik-Verband Darmstadt

„Neues Konzept Bundesjugendspiele"   Vorabdruck der deutschen Sportjugend
                              Herausgegeben über den Deutschen Leichtathletik-
                              Verband Darmstadt/Frankfurt a. M.

Adressen:

Deutscher Leichtathletik-Verband
Alsfelder Straße 27
64289 Darmstadt
Telefon 0 61 51/77 08-0
Telefax 0 61 51/77 08-24

Stiftung Sport in der Schule
Baden-Württemberg
Postfach 10 34 42
70029 Stuttgart

Nachbestellung

Lieferadresse:

_____
Institution / Name

_____

_____
Straße

_____
PLZ / Ort

_____
E-Mail-Adresse

_____
Ort / Datum / Unterschrift

Ministerium für Kultus, Jugend und Sport
Baden-Württemberg
Referat 52 (Sport und Sportentwicklung)
Postfach 10 34 42

70029 Stuttgart

Fax-Bestellnummer: (07 11) 2 79 27 95   Die Preise der Handreichungen beinhalten die Versandkosten.

Exemplar(e)	Titel	Preis

Reihe „Spiel, Sport und Bewegung in der Schule"

____	Anregungen zur Gymnastik im Klassenzimmer	5,40 Euro
____	Bewegungsfreundlicher Schulhof – Pausensport und Pausenhofgestaltung	8,20 Euro
____	Basketball, spielerisch – technikorientiert – praxisnah, Band 1, Einführung	9,20 Euro
____	Bewegung und Spaß im Nass, Band 1: Schwimmunterricht der Klassen 1 bis 4	9,20 Euro
____	Das chronisch kranke Kind im Schulsport	9,20 Euro
____	Die Verbindung von Lernen und Bewegung als pädagogisches Prinzip in der Grundschule	5,40 Euro
____	Erfahren und Begreifen durch Spielen und Sich-Bewegen (Vorschulalter)	9,20 Euro
____	FairKämpfen	9,20 Euro
____	Fitnessbausteine Band 1 – alltagstaugliche Spielideen	9,20 Euro
____	Fitnessbausteine Band 2 – Bewegter Unterricht - bewegtes Lernen	9,20 Euro
____	Ganztagsschulen in Bewegung	9,80 Euro
____	Grundlagen einer zukunftsfähigen Sportentwicklung	10,70 Euro
____	Fußball	9,20 Euro
____	Handball – Spielen lernen durch das Spiel	5,40 Euro
____	Kleinfeldtennis	11,00 Euro
____	Klettern im Schulsport	11,00 Euro
____	Rugby, OK-Rugby in der Halle	9,20 Euro
____	Schulsportplan Kinderleichtathletik, Band 1: Laufen, Sprinten	9,20 Euro
____	Schulsportplan Kinderleichtathletik, Band 2: Springen, Werfen	9,20 Euro
____	Schulung und Verbesserung der koordinativen Fähigkeiten	8,20 Euro
____	Sicherheit im Schwimmunterricht – Prävention und Rettungsfähigkeit (2. Auflage)	5,40 Euro
____	Spielerziehung in der Grundschule	9,20 Euro
____	Spielideen zur täglichen Bewegungszeit in der Grundschule und Orientierungsstufe	6,50 Euro
____	Sporthallen – Planungshilfen, Anregungen, Hinweise	9,80 Euro
____	Volleyball, Teil 1: Mini-Volleyball	5,40 Euro
____	Volleyball, Teil 2: Quattro-Volleyball – Das Spiel 4 gegen 4 ab Klasse 7	9,20 Euro
____	Volley-Spielen — eine Hinführung zum Duo-Volleyball	9,20 Euro
____	Von der Hand zum Racket	9,20 Euro

edition sport international

____	Hochleistungssport in Frankreich	19,80 Euro
____	Hochleistungssport in Großbritannien und Nordirland	22,80 Euro
____	Hochleistungssport in China	19,80 Euro
____	Hochleistungssport in Australien	19,80 Euro
____	Hochleistungssport in Italien	19,80 Euro
____	Hochleistungssport in den USA	19,80 Euro
____	Hochleistungssport in Russland	19,80 Euro

Reihe „Schule und Mobilität"

____	Mobile Schule – aktiv mit dem Fahrrad	6,50 Euro
____	Mobilität 21 – Grundschule, Kl. 3/4 (Bewegungsförderung, Radfahrausbildung mit CD)	8,00 Euro
____	Mobilität 21 – Heft Realschule	10,50 Euro
____	Mobilität 21 – Gymn. Sek. II – Heft 1 (Schulisches Sicherheitstraining; Fahrphysik)	4,00 Euro
____	Mobilität 21 – Gymn. Sek. II – Heft 2 (Recht und Verkehr)	4,00 Euro
____	Mobilität 21 – Gymn. Sek. II – Heft 3 (Alkohol und Drogen; Information durch Polizei)	4,00 Euro
____	Mobilität 21 – Gymn. Sek. II – Heft 4 (Umwelt und Verkehr; Witterung, Verkehrsplanung)	4,00 Euro
____	Mobilität 21 – Gymn. Sek. II – Heft 5 (Entdecken neuer Verantwortungsbereiche; Lebenswelten)	4,00 Euro
____	Mobilität 21 – Gymn. Sek. II – Gesamtausgabe (Heft 1 - 5)	15,00 Euro
____	Mobilität 21 – Sek. I schulartübergreifend – Heft 1 (Rad fahren; sicher u. stark unterwegs, mit CD)	9,00 Euro
____	Mobilität 21 – Sek. I schulartübergreifend – Heft 2 (Motorisiert unterwegs; natürlich mobil)	4,00 Euro
____	Mobilität 21 – Sek. I schulartübergreifend – Heft 1 + 2	11,50 Euro

Sonstiges

____	Themenorientiertes Projekt Soziales Engagement (TOP SE, Realschule)	4,50 Euro
____	Trilli gibt den Ton an – Ein Sportbuch für Kinder der Grundschule	11,20 Euro
____	Kindertraining - Fußballspielen 4-12	14,90 Euro
____	Bewegungslehre und Biomechanik des Sports, Teil 2 Biomechanische Prinzipien (DVD)	29,50 Euro*

*zzgl. Porto und Verpackung

Ausführliche Informationen: www.schulsport-in-bw.de (Infopool)   Lieferfrist ca. 3 Wochen; Lieferung solange Vorrat reicht.   Stand: Januar 2008